Yellow Umbrella Books are published by Capstone Press,
151 Good Counsel Drive, P.O. Box 669, Mankato, Minnesota 56002.
www.capstonepress.com

Library of Congress Cataloging-in-Publication Data
Ring, Susan.
 [From tree to table. Spanish]
 Del árbol a la mesa / por Susan Ring.
 p. cm.—(Yellow Umbrella: Social Studies - Spanish)
 Includes index.
 ISBN 0-7368-4142-3 (hardcover)
 1. Maple syrup—Juvenile literature. I. Title.
TP395.R18 2005
664'.132—dc22   2004053982

Summary: A brief statement of the process of gathering, making, and selling maple syrup.

Editorial Credits
Editorial Director: Mary Lindeen
Editor: Jennifer VanVoorst
Photo Researcher: Karrey Tweten
Developer: Raindrop Publishing
Adapted Translations: Gloria Ramos
Spanish Language Consultants: Jesús Cervantes, Anita Constantino
Conversion Editor: Roberta Basel

Photo Credits
Cover: Mark Karrass/Corbis; Title Page: Leo Fiedler; Page 2: Comstock, Inc.; Page 3:
Shubroto Chattopadhay; Page 4: Randy Ury/Corbis; Page 5: Farrell Grehan/Corbis;
Page 6: Richard Hamilton Smith/Corbis; Page 7: Bob Burch/Index Stock; Page 8:
PhotoDisc, Inc.; Page 9: Jonathan Blair/Corbis; Page 10: Kindra Clineff; Page 11: Richard
Hamilton Smith/Corbis; Page 12: Bob Burch/Index Stock; Page 13: Richard Hamilton
Smith/Corbis; Page 14: Phil Schermeister/Corbis; Page 15: Paul Johnson/Index Stock;
Page 16: Lois Ellen Frank/Corbis

1 2 3 4 5 6 10 09 08 07 06 05

Del árbol a la mesa

por Susan Ring

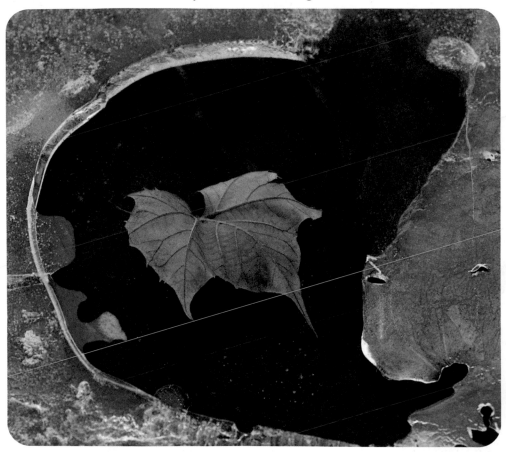

Consultant: Larry Myott, Associate Professor and Extension Maple
Specialist, University of Vermont

Yellow Umbrella Books
Social Studies - Spanish

an imprint of Capstone Press
Mankato, Minnesota

Ya pronto se termina el invierno.

Es la temporada de miel de arce.

Los granjeros empiezan a trabajar.

Hacen hoyos pequeños en los árboles de arce.

a savia sale goteando del arce.

Es dulce.

A los animales les gusta la savia también.

Los granjeros recogen lo más que pueden.

Entonces la llevan a donde se hace el azúcar.

Luego, hierven la savia.

Se huele la miel de arce en el aire.

Ahora está lista.

Se embotella la miel de arce.

Las botellas se mandan a las tiendas.

Por fin, la miel de arce llega a la mesa. ¡Qué rica!

Glosario/Índice

(el) arce—árbol de gran altura y madera muy dura, que crece en las regions templadas; se usa la savia de los arces para producir la miel de arce; páginas 5, 6

(la) botella—recipiente de cuello estrecho para guardar líquidos; página 15

dulce—se dice del sabor agradable, como el del azúcar o la miel; página 7

(el) granjero—persona que se ocupa del cuidado de las tierras y los animales de una granja; páginas 4, 9

(la) mesa—mueble compuesto por una tabla horizontal sostenida por una o varias patas; página 16

(la) miel de arce—líquido denso y dulce producido cuando se hierve y reduce la savia; páginas 3, 12, 14, 16

oler—percibir los olores por la nariz; página 12

(la) savia—líquido que circula por el interior de los vegetales y los nutre; páginas 6, 8, 11

Word Count: 99
Early-Intervention Level: 9